TOPP

Kieselsteiner Zoo

Gecko Keck

Basteln mit Kieselsteinen

TOPP

Der neue Basteltrend

Kieselsteiner

Ganz praktisch ▶

Mit den Kieselsteinern peppen Sie ganz mühelos Einladungen in den Zoo, den Zirkus oder auch für eine Reise auf.

Sehr dekorativ ▼

Die Kieselsteiner lassen sich überall dekorativ in Szene setzen. Hier zieren sie z. B. eine Badezimmerablage.

Kieselsteiner – der Bastelspaß für Groß und Klein ▲

Einfach Nase, Arme und Beine modellieren, an den Kieselstein kleben, diesen bemalen und mit ein paar Accessoires verzieren – schon wird der Kieselstein zum Kieselsteiner. Das macht der ganzen Familie Spaß!

Fragen Sie Ihren Händler nach unserem vierteljährlich erscheinenden Freizeitmagazin **„Meine kreative Welt“** oder blättern Sie es online durch:

www.frechverlag.de

Hilfestellung zu allen Fragen, die Materialien und Bastelbücher betreffen: Frau Erika Noll berät Sie. Rufen Sie an!

Tel.: **07150 / 30 27 77***

* normale Telefongebühren

Kieselsteiner

Liebe Leserinnen und Leser,

auf dieser Seite wende ich mich immer mit einigen Worten an die Gemeinde von Kieselstein und ihre Freunde. Den Menschen, die mich noch nicht kennen, möchte ich mich kurz vorstellen: Mein Name ist Dr. Gottlob Kiesel und ich bin seit vier Jahren Bürgermeister von Kieselstein.

Dieses Mal möchte ich Ihnen von unserem Zoo erzählen, der einer der größten Besuchermagnete im ganzen Umland ist! Neben den klassischen Zootieren wie Löwen und Bären sind wir besonders stolz auf unseren Streichelzoo, wo es bei den Schweinen wieder einmal Nachwuchs zu bewundern gibt. Kinder dürfen die Tiere sogar füttern!

Doch schauen Sie selbst! Viel Spaß bei Ihrem Besuch im Zoo und beim Basteln der tierischen Kieselsteiner!

Ihr

Wichtig: Es können keine exakten Größen- und Längenangaben bei den Holzstäben, Kordeln und anderen Accessoires gemacht werden, da diese von der Größe und dem Umfang des verwendeten Steines abhängen.

MATERIALIEN UND HILFSMITTEL

Folgende Materialien und Hilfsmittel werden für fast jede Figur hier im Buch benötigt. Allgemeine Materialien wie die Klebstoffe usw. sind in den speziellen Materiallisten nicht mehr extra mit aufgeführt.

- Steine in verschiedenen Größen, Formen und Farben
- lufttrocknende Modelliermasse in Weiß
- Lackfarbe (alternativ: Plakafarbe)
- Kraftklebestoff, z. B. UHU Alleskleber Kraft oder UHU Greenit
- Klebestift
- Schere
- verschieden starke, flache und runde Haarpinsel
- Kunstfelle, Kunsthaare, ungesponnene Wolle und Märchenwolle (für die Haare)
- weitere Accessoires (Kordeln usw., siehe spezielle Materiallisten)
- Schwamm
- wasserfeste Filzstifte in Schwarz und Braun
- Zahnstocher und Messer

Kieselsteine

Kieselsteine erhält man im gut sortierten Bastelfachhandel, aber auch im Baumarkt, im Gartencenter oder im Kieswerk. Wer will, kann die Kieselsteine aber auch sammeln. Dabei bitte unbedingt darauf achten, diese aus der Natur (z. B. am Strand oder in Bachbetten) zu sammeln, nicht von Häusern oder aus Gärten. Bei diesen handelt es sich um Privateigentum!

Vom Kieselstein zum Kieselsteiner

1 Einen in Größe, Form und Farbe zur Figur passenden Stein aussuchen. Dann die Teile, welche an die Figur modelliert werden, durch Formen kleiner Kugeln, Scheiben oder Würstchen vorbereiten.

2 Diese Teile an den Stein anmodellieren. Beim Trocknen die Modelliermassenteile am besten am Stein lassen. Nach dem Trocknen die Teile abnehmen (sofern sie nicht von selbst abfallen). Die Modelliermassenspuren mit Wasser und Schwamm vom Stein abwaschen.

3 Die modellierten Teile bemalen und nach dem Trocknen der Farbe auf die Figur kleben.

4 Die Details der Figur aufmalen und ggf. die bemalten Accessoires (dies betrifft insbesondere die Personen) an den entsprechenden Stellen festkleben.

5 Für die Haare die Wolle oder das Kunstfell zuschneiden und festkleben.

1

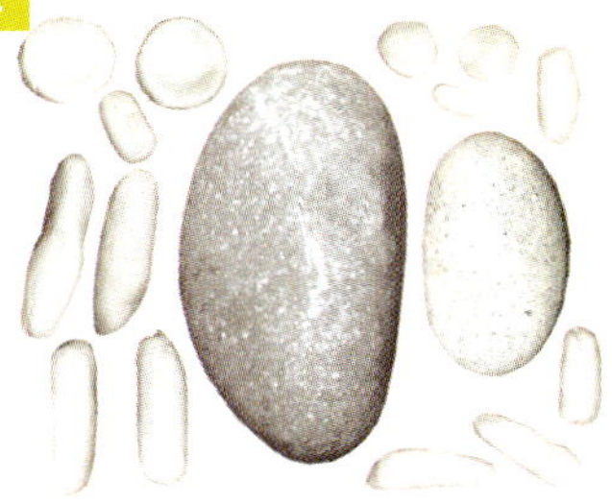

2

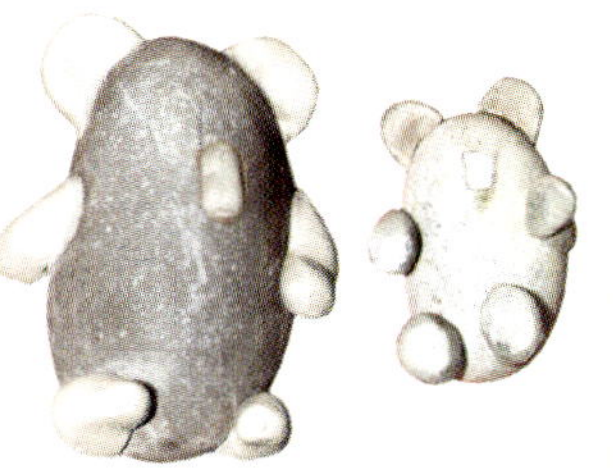

3

4

5

Tipps & Tricks

Mit den folgenden Tipps und Tricks gelingen die Kieselsteiner Zootiere und ihre Freunde ganz bestimmt!

- Wenn die Figuren einen Gegenstand oder einen Stock in der Hand halten, dann diesen beim Trocknen in der Modelliermasse stecken lassen. Da die Masse schrumpft, passt das Teil sonst nach dem Trocknen nicht mehr an den vorgesehenen Platz.

- Das Trocknen kann beschleunigt werden, indem die Modelliermassenteile auf die Heizung, unter eine Lampe oder bei schwacher Hitze in den Ofen gelegt werden.

- Vor dem Entfernen der modellierten Teile (Nase, Arme und Füße) deren Position am besten mit einem wasserfesten Filzstift (z. B. Edding) markieren, damit man später weiß, wo man sie festkleben muss.

- Beim Festkleben der Füße auf das Gleichgewicht der Figur achten und evtl. den Stand mit etwas Modelliermasse an den Sohlen nachbessern.

- Es empfiehlt sich, die Figur etappenweise zu bemalen und die Farbe immer gut trocknen zu lassen.

- Wenn Details nicht auf Anhieb gelingen, dann die Farbe gleich mit einem feuchten Schwamm entfernen.

- Durch das Anmischen eigener Farbtöne wird die Figur individueller.

- Für eine besonders schöne Hautfarbe der gekauften Hautfarbe noch ein ganz klein wenig Rot und Gelb beimischen.

- Wenn es in der Anleitung heißt, dass die Steinfarbe nachempfunden werden soll, dann muss die Farbe dafür entsprechend angemischt werden. Weicht die Farbe des verwendeten Steins stark von dem hier im Buch abgebildeten ab, dann kann es sein, dass dafür weitere Farben als in der jeweiligen Materialliste aufgeführt benötigt werden.

- Für dünne Striche oder runde Punkte, die mit dem Pinsel nicht gelingen, empfiehlt es sich, feine, wasserfeste Filzstifte (z. B. Edding) zu verwenden.

Hier sieht man das Zusammenspiel von Augen und Mund und die daraus resultierenden Gesichtsausdrücke

Augen

Die Augen sind der wichtigste Bestandteil beim Ausdruck der Figur. In ihnen zeigen sich nicht nur die wesentlichen Charakterzüge, sie können auch emotionale Gefühle zum Ausdruck bringen.

Grundsätzlich gilt: Je mehr sich die Linien des Gesichtes (Augenbrauen, Augen, Mund) in Richtung Gesichtsmitte (Nase) zusammenziehen, desto grimmiger oder wütender wird der Ausdruck. Je mehr sich diese Linien rund (in Bögen) gegenüber der Gesichtsmitte öffnen, desto strahlender und fröhlicher wird der Ausdruck. Deshalb sollte bei der Gestaltung der Augen mit viel Sorgfalt gearbeitet werden!

Variationen

Manchmal kann es passieren, dass man nicht einen genau identischen Stein wie hier im Buch abgebildet findet. Aber auch wenn der gefundene Stein nur wenig mit dem im Buch verwendeten Stein übereinstimmt, kann die gewünschte Figur entstehen, wie man hier am Beispiel des Tierpflegers sieht.

Form, Größe und Struktur der beiden Steine unterscheiden sich recht stark voneinander – und doch ist der Tierpfleger sofort zu erkennen, wenn man sich bei der Gestaltung von Nase, Armen und Zubehör an die Vorgaben hält.

Grundsätzlich kann man auch kleine Details nach eigenem Geschmack verändern oder der Figur weitere Zubehörteile hinzufügen, ohne dass eine Verfremdung entsteht. Der Fantasie sind dabei keine Grenzen gesetzt! Selbst bei der Farbwahl muss man sich nicht strikt an die Vorgaben halten, um die gleiche Figur zu erhalten.

Tipp: Gerade bei den Accessoires und Haaren können Sie gut variieren, ohne dass die Figur ihre ganz besondere Charakteristik verliert. Probieren Sie es aus!

Auch ein schöner Rücken kann entzücken

Beim Bemalen der Figuren immer darauf achten, dass die Kieselsteiner auch von hinten hübsch anzusehen sind. Die Farbe der Jacken und Hosen wird z. B. einfach immer auf die Rückseite weitergeführt. Im Bild oben sieht man einige der Kieselsteiner von hinten.

Hier sehen Sie die Figuren in Originalgröße abgebildet

Willkommen im Zoo!

→ hier gibt's viel zu entdecken

Kati Knips, die Kartenverkäuferin

MATERIAL

- ovaler Stein in Hellgrau meliert, ca. 7,5 cm hoch
- lufttrocknende Modelliermasse in Weiß
- Lackfarbe in Hautfarbe, Weiß, Schwarz, Pink, Rot, Hellrot, Gold, Perlmuttweiß und Graumetallic
- Kunstfell in Braun
- dünner Karton, Rest

▶ Alle Teile wie abgebildet modellieren.

▶ Anschließend folgt die farbliche Ausgestaltung von Gesicht, Bluse, Jacke, Rock und Schuhen.

▶ Das Kunstfell für die Haare wird in zwei Schritten zugeschnitten, nämlich ein schmaler Streifen für den Pony und ein breiterer Streifen für den Ober- und Hinterkopf. Den Streifen für den Pony mit Faserrichtung nach vorne, den anderen mit Faserrichtung nach hinten ankleben. Dann die Haare mit der Stoffschere zu einer frechen Frisur zurechtschneiden.

▶ Für das Schild ein ca. 4 cm x 3 cm großes Kartonrechteck ausschneiden und wie abgebildet gestalten. Dann das Schild Kati hinter die Hand und an den Fuß kleben.

MATERIAL

- ovaler Stein in Braun, ca. 6 cm hoch
- lufttrocknende Modelliermasse in Weiß
- Lackfarbe in Weiß, Schwarz, Gelbocker, Orange und Hellbraun

Pino, der Affe

▸ Alle Teile wie in der allgemeinen Anleitung beschrieben und hier gezeigt modellieren. Das Gewicht der Figur wird hauptsächlich von den Armen getragen, deshalb diese nicht zu dünn modellieren.

▸ Dann Pino wie abgebildet bemalen, wobei die Schnauze und das Ohrinnere aus Orange und Gelbocker gemischt werden. Wenige kurze Pinselstriche an Armen, Bauch und Rücken erzeugen hier den Eindruck des Fells.

Tipp: Pino sieht so schön fragend aus. Stellen Sie ihn bei sich auf den Büroschreibtisch, wenn Sie mal wieder was zum Schmunzeln brauchen.

Bärenstarke Freunde

→ das sind die beiden Pandas und die Koala-Mama mit ihrem Baby

MATERIAL

- ovaler, dicker Stein in sehr hellem Grau, ca. 6 cm hoch
- lufttrocknende Modelliermasse in Weiß
- Lackfarbe in Schwarz, Weiß und Grau

Paul, der Panda

▶ Ohren, Arme, Beine und Schnauze wie abgebildet und vorne in der allgemeinen Anleitung erklärt modellieren.

▶ Hier reichen schon wenige kurze Pinselstriche, um den Felleindruck und das typische Panda-Gesicht zu erzielen.

Tipp: Sowohl Pandas wie auch Koalas zählen zu den gefährdeten Tierarten und sind kaum in Zoos zu sehen. Deshalb ist es wahrscheinlich besonders für Kinder interessant, diese Tiere wenigstens im Kieselsteiner Zoo kennen lernen zu dürfen. Erzählen Sie Ihnen, wie wichtig es ist, dass wir unsere Umwelt schonen, damit diese Tiere nicht ganz aussterben.

WEITERFÜHRUNG

Bärenstarke Freunde

MATERIAL

KOKA

- ovaler Stein in Grau meliert, ca. 5,5 cm hoch
- lufttrocknende Modelliermasse in Weiß
- Lackfarbe in Weiß, Schwarz, Hautfarbe, Beige, Braun und Pink
- Kunstfell in Braun

KIKI

- ovaler Stein in Hellgrau, ca. 3 cm hoch
- lufttrocknende Modelliermasse in Weiß
- Lackfarbe in Weiß, Schwarz, Grau, Hautfarbe und Pink
- Kunstfell in Weiß

Koka, die Koala-Mama und Kiki, das Koala-Baby

▸ Die Arme, Beine, Ohren und Nasen wie in der allgemeinen Anleitung beschrieben und hier abgebildet modellieren. Dabei darauf achten, dass die Nasen unbedingt die typische Koala-Nasenform bekommen, weil diese für den Gesichtsausdruck ganz prägend ist.

▸ Dann die Figuren wie gezeigt bemalen. Hier reichen jeweils schon ganz wenige Pinselstriche.

▸ Einige Fasern von dem Kunstfell abschneiden und an den Ohren festkleben.

▸ Zum Schluss Kiki auf den Rücken ihrer Mutter kleben.

Tipp: Da sich durch das Baby auf dem Rücken das Gewicht stark verlagert, muss man den Stand mit etwas Modelliermasse an Mamas Fußsohlen ausgleichen.

„Wow, was für ein schöner Panzer! Ich glaube, ich frage sie mal, ob sie mit mir abends mal Gras fressen geht."

Liesa und Tiesi, die verliebten Schildkröten

▶ Den Schildkrötenkopf samt Hals, die Beine und das Schwänzchen modellieren.

▶ Dann den Stein mit dem gewünschten Muster bemalen. Dabei kann die Struktur und Farbe des Steines schön mit in die Bemalung des Schildkrötenpanzers integriert werden. Zum Schluss die bemalten, modellierten Teile ankleben.

MATERIAL (für eine Schildkröte)

- an einer Seite abgeflachter Stein in Mittelgrau meliert, ca. 5,5 cm lang
- lufttrocknende Modelliermasse in Weiß
- Lackfarbe in Grün, Braun, Gelb, Weiß, Schwarz, Grau und Orange

Showtime

→ juhu, jetzt gibt es was zu futtern!

Andi Felsquell, der Tierpfleger

MATERIAL

- eiförmiger Stein in Grau meliert, ca. 6,5 cm hoch
- lufttrocknende Modelliermasse in Weiß
- Lackfarbe in Hautfarbe, Mittelgrün, Hellgrün, Gold, Braun, Weiß, Schwarz, Rot, Hellblau, Blau und Perlmuttblau
- Kunstpelz in Rotbraun
- ggf. Zahnstocher

▶ Alle Teile wie abgebildet modellieren. Dabei mithilfe kurzer Zahnstocherstücke die Vertiefungen in den Händen für Eimer und Fisch einarbeiten.

▶ Dann die Figur wie abgebildet bemalen. Dabei allerdings erst die Arme der Steinfarbe anpassen, bevor sie angeklebt werden. Auch die Hose zuerst anmalen, bevor die Füße befestigt werden. Die Details aufmalen.

▶ Für die Haare den Kunstpelz zuschneiden und auf dem Kopf befestigen. Dann die Kappe auf den Kopf kleben und Andi einen Fisch in die Hand drücken.

▶ Die beiden übrigen Fische in den Eimer legen.

Kieselstein

MATERIAL

- länglicher, leicht gebogener Stein in Grau meliert, ca. 5,5 cm lang
- lufttrocknende Modelliermasse in Weiß
- Lackfarbe in Hellblau, Weiß, Gelbocker, Schwarz und Perlmutt-Weiß
- ultrafeiner Flitter in Weiß

WEITERFÜHRUNG

Showtime

Fini, der Delfin

▶ Die Schnauze und alle Flossen wie abgebildet modellieren.

▶ Dann den Delfin anmalen.

▶ Zum Schluss wird er stellenweise dünn mit Perlmuttweiß lasiert, um den Eindruck von Feuchtigkeit zu vermitteln. Danach auf die feuchte Farbe im Rückenbereich ultrafeinen Flitter streuen.

Tipp: Fini eignet sich als kleine Beigabe zu einem Reisegutschein, weil Delfine sofort gute Laune machen und jeden an Sonne und Meer denken lassen.

Robert, die Robbe

▸ Den Kopf, die Flossen und den Ball wie abgebildet modellieren.

▸ Zuerst den Stein stellenweise in der Grundfarbe (aus Blau und Grau gemischt) bemalen und dann die bemalten, modellierten Teile festkleben. Die Details aufmalen.

▸ Zum Schluss den Rücken mit wenig Klebestift einstreichen und mit ultrafeinem Flitter bestreuen.

Tipp: Der Ball kann wahlweise neben der Figur liegen oder mithilfe eines kleinen Holzstiftes, der in die Löcher an Ball und Schnauze gesteckt wird, befestigt werden. Wenn man diese Variation lieber mag, empfiehlt es sich, die Löcher in Ball und Schnauze beim Modellieren mit einzuarbeiten.

MATERIAL

- länglicher, gebogener Stein in Hellgrau, ca. 6,5 cm lang
- lufttrocknende Modelliermasse in Weiß
- Lackfarbe in Blau, Grau, Weiß, Schwarz, Gelbocker, Gelb und Rot
- ultrafeiner Flitter in Weiß

Bei den Dickhäutern

→ hier geht's schön gemütlich zu

„So ein Rüssel ist schon praktisch: voll beweglicher Greifarm, Rückenkratzer und Dusche in einem."

MATERIAL

- runder Stein in Hellgrau, ø ca. 6,5 cm
- lufttrocknende Modelliermasse in Weiß
- Lackfarbe in Hellgrau, Mittelgrau, Schwarz und Weiß
- Kordel in Grau, ca. 1 cm lang

Dicki, der Elefant

▸ Die Beine, Ohren, Stoßzähne und den Rüssel wie abgebildet modellieren. Die Schwanzspitze separat modellieren.

▸ Die Details aufmalen.

▸ Die Schwanzspitze nach dem Bemalen an die graue Kordel kleben und dann den Schwanz an die Figur kleben.

Tipp: Hübsch sieht auch eine Elefantenvariante mit einem erhobenen Rüssel aus. Orientieren Sie sich dafür an dem Hauptbild.

MATERIAL

- ovaler Stein in Hellbeige, ca. 6 cm hoch
- lufttrocknende Modelliermasse in Weiß
- Lackfarbe in Hellblau, Grau, Schwarz und Weiß
- Kordel in Grau, ca. 1 cm lang

Nils, das Nilpferd

▸ Alle Teile wie abgebildet modellieren. Das Modellieren der Schnauze erfordert hier etwas Fingerfertigkeit. Es empfiehlt sich, zunächst den langen Teil der Schnauze zu modellieren und dann die dicken Backen aus zwei Halbkugeln. Am Ende mit einem Zahnstocher die Löcher einpiksen.

▸ Dann das Nilpferd bemalen.

▸ Die Schwanzspitze nach dem Bemalen an der Kordel befestigen und die Kordel samt der Schwanzspitze an die Figur kleben.

Selten komische Vögel

→ die tummeln sich im einzigartigen Vogelhaus des Kieselsteiner Zoos

MATERIAL

- gebogener Stein in Grau-Grün, ca. 5 cm hoch
- lufttrocknende Modelliermasse in Weiß
- Lackfarbe in Türkisgrün, Dunkelgrün, Gelb, Orange, Weiß und Schwarz

„Wenn meine Augen noch schlechter werden, dann muss ich mich bald noch tiefer bücken, um die Würmer und Käfer in der Erde zu sehen."

Mango, der Kiwi

▸ Die Flügel, den Schwanz, die Füße, den Schnabel und die Kopffeder wie abgebildet modellieren. Die Vertiefungen in den Flügeln werden mit einem Zahnstocher eingedrückt.

▸ Dann den Kiwi bemalen. Am Körper reichen wenige kurze Pinselstriche in verschiedenen Farben, um den Eindruck von Gefieder entstehen zu lassen.

MATERIAL

- ovaler Stein in Weiß, ca. 5,5 cm hoch
- lufttrocknende Modelliermasse in Weiß
- Lackfarbe in Gelb, Hellblau, Dunkelblau, Pink, Weiß, Rot, Grün und Schwarz

Fridolin, der Papagei

▶ Die Kopf- und die kurzen Schwanzfedern, die Flügel, die Füße und den Schnabel wie abgebildet modellieren. Das Wellenmuster des Kopf- und Schwanzteils erreicht man, indem man mit einem Messer feine Schnitte macht und die Teile etwas auseinander biegt.

▶ Dann den Steinkörper und die modellierten Teile sehr farbenfroh bemalen.

▶ Die lange Schwanzfeder (nicht bei den Schritt-Bildern abgebildet) erst ganz am Ende modellieren, da vorher alles trocken und hart sein muss.

Auf Safari

→ wilde Löwen und elegante Giraffen hautnah erleben

MATERIAL

- länglicher Stein in Hellgrau, ca. 7 cm hoch (für den Hals)
- ovaler Stein in Hellbeige, ca. 4 cm lang (für den Körper)
- lufttrocknende Modelliermasse in Weiß
- Lackfarbe in Braun, Gelb, Orange, Weiß und Schwarz
- Filz in Gelb, Rest
- Bast in Braun, ca. 1 cm lang

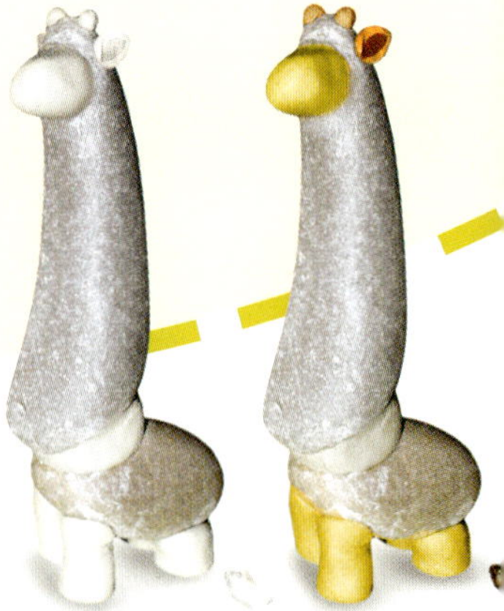

Gigi, die Giraffe

- Die Beine, das Verbindungsstück, die Schnauze, die Hörner, die Ohren und die Schwanzspitze wie abgebildet modellieren.
- Erst das Verbindungsstück farblich den Steinen anpassen und dann die Steine im typischen Giraffenmuster bemalen und zusammenkleben (mit Verbindungsstück). Dann können die restlichen bemalten Teile aus Modelliermasse angebracht werden.
- Einen schmalen Filzsteifen für den Rücken zuschneiden und festkleben.
- Die modellierte und bemalte Schwanzspitze an ein kurzes Baststück kleben und den Schwanz an die Figur kleben.

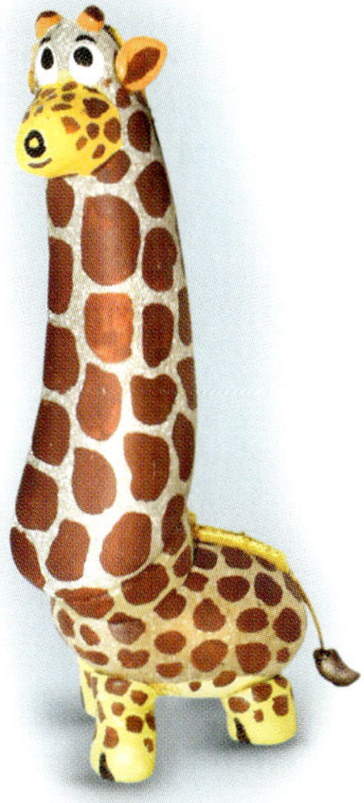

WEITERFÜHRUNG

Auf Safari

MATERIAL

- länglicher Stein in Hellgrau, ca. 5,5 cm lang
- lufttrocknende Modelliermasse in Weiß
- Lackfarbe in Gelbocker, Weiß, Gelb, Braun und Schwarz
- Märchenwolle in Braun und Weiß
- Kordel in Braun, ca. 1 cm lang

Tipp: Leonard, der Löwe, eignet sich gut, wenn Sie ein bisschen Vorfreude auf eine Urlaubsreise nach Afrika verschenken wollen.

Leonard, der Löwe

▶ Die Beine, das Ohrteil, die Schnauze und die Schwanzspitze wie abgebildet modellieren.

▶ Abweichend von der allgemeinen Anleitung zuerst den Stein teilweise in der Grundfarbe (Mischung aus Weiß und Gelbocker) bemalen, bevor die bemalten Modelliermassenteile befestigt werden. Anschließend den Löwen farblich ausgestalten.

▶ Danach die typische Löwenmähne aus Wolle aufkleben und Farbakzente hineinsetzen. Die weiße Wolle zuschneiden und als Bart ankleben.

▶ Die modellierte und bemalte Schwanzspitze an einem kurzen Kordelstück festkleben und an die Figur kleben.

Paolo Parazzi, der Fotograf

▸ Alle Teile wie abgebildet modellieren. Dabei darauf achten, dass der Fotoapparat separat gearbeitet wird.

▸ Die Arme zuerst farblich dem Stein anpassen und dann ankleben. Auch die Hose besser zuerst aufmalen, bevor die Füße angeklebt werden. Anschließend die Details aufmalen. Die Unterlegscheibe als Gürtelschnalle aufkleben.

▸ Das Kunstfell zuschneiden, den Oberkopf mit Klebestift einstreichen und das Fell andrücken. Das Haar scheiteln und mit Haarspray einsprühen.

▸ Zum Schluss die Kamera vor das rechte Auge und die Fototasche mit Kordelgriff in die linke Hand (jeweils von der Figur aus gesehen) kleben.

MATERIAL

- ovaler, dicker Stein in Hellgrau meliert, ca. 6 cm hoch (für den Fotografen)
- länglicher Stein in Dunkelgrau, ca. 1,8 cm breit (für die Fototasche)
- lufttrocknende Modelliermasse in Weiß
- Lackfarbe in Hautfarbe, Kupfer, Rot, Blau, Weiß, Schwarz, Grau, Hellblau, Gelb und Graumetallic
- Kunstfell in Braun
- Unterlegscheibe aus Messing (DIN 125), ø 7 mm
- Haarspray
- Kordel in Braun, ca. 1 cm lang

Kunterbunte Unterwasserwelt

→ die Tiere im Ozean in ihrer ganzen Faszination und Farbenpracht

MATERIAL

- länglicherr Stein in Braun-Grau meliert, ca. 8 cm lang
- lufttrocknende Modelliermasse in Weiß
- Lackfarbe in Dunkelblau, Hellblau, Weiß, Schwarz, Grau und Gelbocker
- ultrafeiner Flitter in Weiß und Gold

Waldemar, der Wal

▸ Die Schwanz-, Rücken- und Seitenflossen wie abgebildet modellieren.

▸ Dann den Stein zuerst stellenweise in der Grundfarbe bemalen und dann erst die bemalten, modellierten Teile ankleben.

▸ Den Kopfbereich und die Seitenflächen mit Klebestift einstreichen und mit dem Flitter bestreuen, oben in Weiß, an den Seiten in Gold.

„Ich bin ein Säugetier wie ihr Menschen auch. Aber ich weiß, wie schön es unter Wasser ist, deshalb bleibe ich lieber hier!"

Kieselstein

WEITERFÜHRUNG

Kunterbunte Unterwasserwelt

MATERIAL

- ovaler Stein in Hellbeige, ca. 4 cm lang
- lufttrocknende Modelliermasse in Weiß
- Lackfarbe in Gelb, Orange, Rot, Grün, Braun, Weiß, Schwarz, Rosa, Violett und Hellgrün
- ultrafeiner Flitter in Gold

Armadillo, der Fisch

▸ Die Rücken-, Schwanz- und Seitenflossen wie abgebildet modellieren.

▸ Dann den Stein und die modellierten Teile sehr farbenfroh bemalen.

▸ Abschließend den Kopf mit Klebestift einstreichen und etwas ultrafeinen Flitter aufstreuen.

Tintoretto, die Krake

▸ Den Tentakel-Standfuß und die Muschelkappe wie abgebildet modellieren.

▸ Dann die Krake bemalen.

▸ Zum Schluss Tintoretto mit stark verdünnter Farbe in Perlmuttweiß lasieren und ultrafeinen Flitter auf die nasse Farbe streuen, um den Effekt von Feuchtigkeit zu erzeugen.

Tipp: Jemand aus Ihrem Bekannten- oder Freundeskreis hat gerade den Tauchschein gemacht? Dann freut sich diese Person ganz bestimmt über so einen lustigen Meeresbewohner!

MATERIAL

- ovaler Stein in Hellbeige, ca. 4 cm hoch
- lufttrocknende Modelliermasse in Weiß
- Lackfarbe in Weiß, Hellblau, Violett, Schwarz, Grau, Rot und Perlmuttweiß
- ultrafeiner Flitter in Silber

„Am liebsten sauge ich mich an meinem Freund Waldemar fest und reise mit ihm durch die Weltmeere. Besonders die Karibik finde ich super!"

Beziehungsstress im Hühnerstall

→ als Hahn im Korb muss man so einiges ertragen

MATERIAL

- gebogener Stein in Hellgrau mit dunklen Punkten, ca. 6,5 cm hoch
- lufttrocknende Modelliermasse in Weiß
- Lackfarbe in Rot, Braun, Gelbocker, Gelb, Orange, Grün, Weiß und Schwarz

„Was die Hühner sich immer einbilden! Meinen, sie sind die größten, nur weil sie Eier legen können."

Hubert, der Hahn

- Den Hahnenkamm, den Schnabel, den Kehllappen, den Schwanz, die Flügel und die Füße wie abgebildet modellieren.
- Dann erst die größeren Flächen und später die Details bemalen.
- Die Teile ankleben.

Tipp: Die Steinform ist hier von großer Bedeutung. Damit die Figur so wird wie hier abgebildet, kann das hintere Teil, sofern es fehlt, auch anmodelliert werden.

MATERIAL

- eiförmiger Stein in sehr hellem Grau, ca. 6 cm hoch
- lufttrocknende Modelliermasse in Weiß
- Lackfarbe in Rot, Orange, Gelb, Weiß, Braun, Gold und Schwarz

Harriett, die Henne

▶ Den Kamm, den Schnabel, den Kehllappen, den Schwanz, die Flügel und die Füße modellieren.

▶ Dann die Teile in ihren Grundfarben bemalen und ankleben. Am Ende noch Details wie Gefieder, Augen oder Wimpern aufmalen.

Im Streichelzoo

→ die Schweinchen freuen sich auf einen kleinen Leckerbissen

MATERIAL

- ovaler Stein in Dunkelgrau, ca. 5 cm hoch
- lufttrocknende Modelliermasse in Weiß
- Lackfarbe in Hautfarbe, Rot, Gelb, Orange, Weiß, Schwarz, Braun, Grün und Olivgrün
- Märchenwolle in Beige

Ronnie Kieselski

▸ Die Arme, die Beine, die Nase und die Futtertüte wie abgebildet modellieren.

▸ Dann die Figur bemalen, dabei auch die Futtertüte nicht vergessen!

▸ Die Wolle zuschneiden, den Kopf mit Klebestift einstreichen und darauf die Wolle zu einem Wuschelkopf drapieren.

▸ Zum Schluss die Futtertüte mit einem Tropfen Kraftkleber in die Hand kleben.

Lucky, das Schwein

- Die Ohren, die Beine und die Schnauze modellieren.
- Dann das Schweinchen wie abgebildet bemalen.
- Zum Schluss den Bast als Ringelschwänzchen ankleben.

Tipp: Die Schweinchen eignen sich hervorragend als Glücksbringer für jede Gelegenheit.

MATERIAL

- runder Stein in Beige, ca. 5 cm lang (für das große Schwein) bzw. 3 cm lang (für ein kleines Schwein)
- lufttrocknende Modelliermasse in Weiß
- Lackfarbe in Rosa, Pink, Weiß, Schwarz und Braun
- Bast in Rosa, ca. 1,5 cm lang

Kieselsteiner

Unter schattigem Grün

→ hier gibt es immer ein Plätzchen zum Ausruhen

MATERIAL

- Steine in beliebiger Form, Farbe und Größe
- Modelliermasse in Weiß
- Lackfarbe in verschiedenen Grüntönen, Braun, Weiß und Gelb

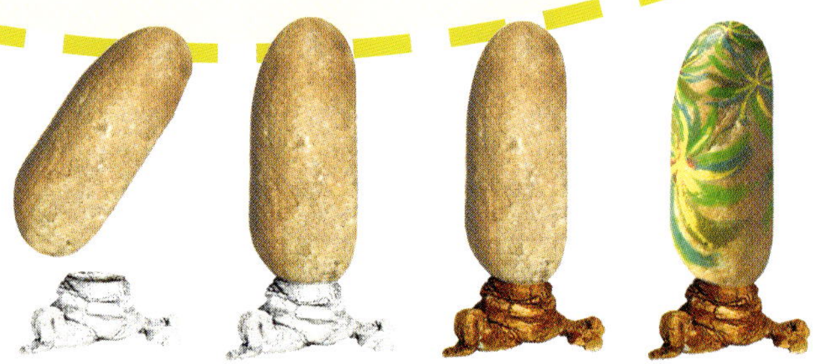

- Den Baumstamm samt den Wurzeln wie abgebildet oder nach Wunsch modellieren. Dabei darauf achten, dass dieser schön knorrig aussieht. Dafür die modellierten Wurzelteile ineinander „schieben" und „quetschen".
- Dann den Stein für die Baumkrone bemalen.

Das „Verfahren zum Herstellen von Figuren, deren Hauptkorpus aus mindestens einem Stein oder einem harten Material besteht" wurde im Mai 2004 beim Europ. Patentamt, München, als Patent angemeldet (AZ 04012209.5).

IMPRESSUM

FOTOS: frechverlag GmbH, 70499 Stuttgart; G. Wörner, 70376 Stuttgart
DRUCK: frechdruck GmbH, 70499 Stuttgart

Auflage:	5.	4.	3.	2.	1.	
Jahr:	2008	2007	2006	2005	2004	[Letzte Zahlen maßgebend]

ISBN 3-7724-3310-3
Best.-Nr. 3310

Kieselsteiner

Buchtipps

TOPP 3308
ISBN 3-7724-3308-1

TOPP 3309
ISBN 3-7724-3309-X

TOPP 3310
ISBN 3-7724-3310-3

Der neue Basteltrend
Basteln mit Kieselsteinen

- Jeder Kieselsteiner wird Schritt für Schritt erklärt
- Immer mit Mini-Zeitung und Memo-Spiel
- Einfach, schnell gemacht und witzig
- Die ganze Welt der Kieselsteiner

TOPP

Kieselsteiner Zoo

- Die Kieselsteiner – das sind witzige Tiere und Menschen aus Kieselsteinen und Modelliermasse, die Groß und Klein begeistern! Einfach gemacht und witzig!
- Im Aquarium, im Streichelzoo oder im Bärengehege – im Kieselsteiner Zoo fühlen sich die Tiere so richtig wohl.
- Hier freut sich jeder auf die Begegnung mit Affen, Löwen & Co. Auf in den Zoo!

Basteln
Schnell zum Erfolg

ISBN 3-7724-3310-3
9 783772 433108
€ 7,50(D) €* 7,70(A)
* vom österreichischen Importeur preisgebunden